달려도 녹지 않는 설국

최수지 시집

상상인 시인선 *061*

•본문 페이지에서 한 연이 첫 번째 행에서 시작될 때에는 〈 표기를 합니다.
•저자의 의도에 따라 작품의 보조 동사와 합성 명사는 띄어쓰기가 달라질 수 있습니다.

달려도
녹지 않는
설국

시인의 말

누구나 별똥별이 되는 거야

무한 담금질

깨어져도

별

하나

2024. 가을 들 무렵
윤슬 최수지

차례

1부 우리의 밤은 무심히 가고

새벽 두 시에는 행성이 보인다	19
언짢은 밤	20
가볍거나 무겁거나	21
꽃말 안개말	22
핑계 가지치기	24
하늘을 보게 되는 시간	25
그랬었지	26
휘파람을 태우고	27
네모를 굴리는 동그라미	28
감마나이프	29
글자를 눕히다	30
꼭꼭 숨어라 어디까지 갔나	32
그냥인 날은 없다	34
나 원 참	35
낙조 지다	36
다시 길 위에서	37
봄, 너 때문이야	38

2부 숨어도 들키는 동박새

흔적 지우기	43
불꽃 축제	44
5일 장날 장터에 가면 책이 수두룩	46
붓끝에 속내를	47
웃는다고 웃었다	48
선목	49
놔라	50
여든다섯 여든일곱	51
동백섬에는 날마다 꽃	52
보리숭어	53
문득 가려웠던 귀	54
함빡 함박눈	56
버킷리스트	57
삐져나온 속	58
불멸의 불면	59
그 봄을 당기며	60
상처가 상처에게	61

3부 세상 가장 정겹고 슬픈 이름

소통에 대한 시집을 읽다가	65
서동에서 꿈꾸다	66
안부	68
액세서리 귀가	69
엄마	70
그렇게 하면 되겠네	71
옛날 같지 않아	72
부음	73
오늘도 달린다	74
시편지	76
우물이 있는 집	77
울퉁불퉁 빈 밭이 그리운	78
지금은 성업 중	80
은행나무, 가을	81
화답花答	82
이름 달기	84
그들의 고향	85

4부 푸르거나 짙거나 옅거나 붉은

바람 한 벌 89
이사 목록 90
접다 91
졸복 영접 92
황당한 봄 봄 94
나란히 모란꽃 96
지나간 하늘에 연을 날리다 98
소철나무 꽃 100
집을 옮기고 있어요 101
죽음에 이의를 달고 102
처서 104
이러면 안 되는 거지? 105
특, 상, 중, 하, 꼬마, 파 106
비상구는 안에 있다 108
혼숙 110
흘린 것은 있어도 늦은 것은 없다 112
카르페 디엠 113

해설 _ 어른은 언제나 아이로 열려 있다 115
신상조(문학평론가)

1부

우리의 밤은 무심히 가고

새벽 두 시에는 행성이 보인다

덥석 잡힐 것 같은 뒷덜미

분주한 발걸음 소리가 구급차 소리에 묻혀
옆 지하 계단으로 울퉁불퉁 지나고

반씩만 불을 밝힌 지하에서
MRI 기계음만 선명한

순간적으로 덮친 무서움 밖으로 나갈 수도 없는 이럴 때
열린 탈의실 환자복 모두 사람으로 보기

먼저 간 소리 지하 계단을 돌아 옆 건물 영안실에 안착하는지
점점 두꺼워지고 그 소리에 뇌가 빠르게 움직이고 있다

다시 기계음
행간과 행간 사이
목덜미에 얹힌 손

언짢은 밤

끝을 다시 이어가기로 했어

며칠 비에 가라앉았던 기다림
초저녁달 뜨기 전부터 씩씩거리는 이유로

호흡이 짧아 소설은 못 쓴다는 소문을 흘리며
장편을 이어가는 느린 속도

보상이듯 젖은 어제로 들어앉은
돌려서 보는 빈 밤

지나가듯 죽음을 말하던 그녀
무심히 듣고 흘린 그녀의 죽음도
깊은 무심이었을까

기껏 키운 보름달이
기울고 있는 경계에서
돌아보며 끝을 토닥이는

이미 우리의 밤은 무심히 가고 있어

가볍거나 무겁거나

여기가 어디야
낙타를 타고서야 나침판을 생각하는

빠른 것들을 놓치면서
그것은 흐르는 것이라 위로하는 나는
늙은 어미가 맞다

생일로 당겼다가 놓친 화살촉
떨림을 진정시켜 계산을 튕기던 아들이
탈색한 사막을 돌아 눈 안에 들어서면
모두가 사막이 되는

노오란 사막은 회오리바람만 들먹일 뿐
변장을 위한 할인 판매 라벨이 두껍다

낙타털의 가벼움이 무거운 척
군청색으로 그럴듯하게
국내선 비행기를 타고 사막인 듯 내게로 왔다

멀리서 신기루처럼 서서히
굽은 등이 하나씩 새로운 여기는
군청색 사아막

꽃말 안개말

꽃이 어제와 다르네요
아닙니다
어제는 덜 피었었는데 오늘은 활짝 피어 있네요
아니라니까요

힐끔 빈 침묵이 쌕쌕 비행기 흰 꼬리를 지우고
다시 시작되는
꽃이…
아니라니까요

꽃 트럭은 처음이라 준비된 큰 꽃병이 없네요
그렇군요 그거 뭐 크게 중요합니까

만개해서가 아니라 전부 털어 반값으로 산 꽃
앞이 안 보여 뒤뚱이는 곁으로
가볍게 퇴근하는 트럭이 웃는다

뭉쳐야 이쁘다 헤어지지 마라
야물게 동여맨 허리띠 풀어
물 한 동이 항아리에

풍덩 풍덩 풍덩

쥐 내리던 짧은 발
발 동동 굴리며 헤엄치는 꽃

서로에게 건네는 인사
괜찮나요
살만합니까

집안 가득 안개

핑계 가지치기

모질게 잘라야 실한 수확을 한다고
모두가 말할 때
풀도 생명이다
핑계가 그럴듯했지

강산 바뀌고 다시 시작될 때까지
주인 닮아 제 고집대로 뻗은 가지
하나씩 자유롭게 길을 지우는

그제야 잘랐다
뭉텅

믿었던 게 억울한지 더디게 운다
때가 있음이 이런 걸까

늙은 나무도
같이 가는 주인도
같이 운다
울다 보니 더 서럽다

참 지랄 같은 현실

하늘을 보게 되는 시간

하굣길 집까지의 시간은 8분
아파트 사잇길로 걸어가던 아이가
봄 선물로
벌렁거리는 콧구멍 한쪽과
빈 하늘과
비어 가는 나뭇가지를 보여준다

하늘이 유난하거나
바람이랑 나뭇잎의 장난이 심한 날은
잠시 놀이터 그네에 앉아
베란다에서 내려다보는 어미에게 손을 흔드는지
목걸이 전화는 찰랑이는 하늘 물결

하굣길 통화가 요즘 최애의 시간이라는 손주
엄마랑 아빠랑 번갈아 하던 통화가 하늘에 꽂혀
칠십 하늘과 여덟 살 하늘이 부산과 김해를 오가는

할미는 오늘도
푸른 하늘이랑 잘 어울릴
분홍색 옷에 입술도 살짝 발라
콩닥콩닥 페이스톡 대기 중

그랬었지

꽃이 되고 잎이 되라던 엄마의 간절한 소망은
정월 대보름에도 생일날에도 변함없었지

꼽아보는 푸른 날
그 꽃이었을까

편히 누운 고목 옆
오랜 일이
접목으로 수시로 되살아나는

모두가 연서 같은
지난날의 꿈

꽃이거나
잎이거나

휘파람을 태우고

피기 시작한 벚꽃 길을 걷다가
그냥은 아닌 것 같아 잦은 비에 욕봤다
한 소절 날리려는데
자꾸 모가지에 걸리는 우-흐휘 히피비
쪼그라진 채 짧게 푸득거리는 휘파람
헐렁헐렁 다시 세우는 휘파람

꽃 순서 기다리던 나무가
보기에도 웃기는지
보라고 어린싹들 목말 태우는

날개 없는 휘피비 서툴게 날아
아직 춥다 몸 사리라 해도
오물쪼물
마구 터지는 저 헤픈 웃음

나무도 나도 세월이야 깊지만 우리는 통했어
남은 날이라도 재미있게 살자 하니

마냥 밝은 어린 꽃의
저 까치발

네모를 굴리는 동그라미

사각형이었을까
원형이었을까

흘린 점 하나
작을수록 선명해지는

연해서 덧칠
숨 고르기에 덧칠

동그라미 안에
네모가 들어 있네

그랬구나
굴러간다 네모

감마나이프

 꽃 지기를 이렇게 간절히

 어둠 속에서 자라는 꽃 더는 풍성해지지 말라며 웃는 꽃에 엄포 놓기 그럴수록 실하게 급속으로 자라는

 차라리 내가 죽더라도 너를 꺾고 말겠노라 비장함을 갖춰 총이나 칼 대신 거짓 앞세운 말 대신 의식처럼 정중히 신중히 너 거기 그대로 있거라

 최소한의 숨구멍으로 두개골을 통과해서 만나는 꽃이라고 우기는 덩어리 살고 죽는 일이 쉽지 않아 담판 벌이는 일도 몇 번 간 떨어지는 일도 몇 번 울다가 웃는 일도 몇 번 여러 번 반복하다 보니

 너도 그의 몸이다
 그가 키운 꽃이다
 그냥 같이 가자

 천천히

글자를 눕히다

수시로 잊히는 일상의 새로운 저장 방법
차근차근 가지런히
큰 키부터 작은 것까지 눕히기
AI가 뒤를 쫓는
그나마 단절되기 전 저장법

생각이 달아날까 덜 깬 잠을 헹궈도
어수선했던 밤은 추적을 당하고
다시, 어색하지만 천천히
먼저 눈에 든 글자부터

지난 뉴스 자막들이 차례로 실린 후
성질 납작하게 죽이듯 바쁘게 간단해지는
글씨 눕히기

ㄱ 옆에 개미 개미 아래 고래
ㄴ 옆에 나 옆에 너
...
ㅇ 옆에 야 야 옆에 여 뒤엉키는 여·야
건너뛴 우리는 없다 여기에서

끝

누워서야 조용해지는
죽어서야 반성을 하려나
내일 다시 시작될 죽이고 살리는 일

꼭꼭 숨어라 어디까지 갔나

망망대해 같은 하늘 속에서 구름 헤집고
숙면의 밤을 향해 돌고래 헤엄치듯 잘 가고 있나

거기에도 등대가 있었는지 다녀보고도 궁금해지는

돌고래 굉음 사이로 근접할 수 없는 곳이지만
곧 아버지 기일이니
생전처럼 앞서 걷는 아버지와
뒤따르는 어머니 스치지는 않았는지

조심해서 가고 도착하면 연락해라
성질 급한 카톡이 먼저 날아가는

성격도 외향도 다른 막둥이
영도다리 밑에서 주워 왔다는 오랜 놀림을
이번에는 업둥이로 바꾸고 둘 다 눈물 나게 웃었던
늙어도 나에게 아이 같은 막내
놀려도 이제는 웃는 여유 환갑이 그냥은 아니구나

밤새 연서 같은 카톡은

서쪽으로 수도 없이 날아갈 거고

비행모드로 잠긴 입구
바다에 익숙한 우리 모두는
그때마다 하늘을 대해大海라고 할 것이다

그냥인 날은 없다

다른 날과는 달리
상황을 묻지도 않고 오겠다 했다
우리 집 부근이었고 나는 밖이었다
다음에 보자면서도 서둘러 왔지만
그녀는 이미 멀리 있었다
그리고 잊었다

이른 아침
한동안 뜸하던 목소리
이사를 했단다
끝과 끝

인사보다 절박함이 있었던 건 아니었을까
아침이 무겁다
불쑥 들이민 날이라도
그냥인 날은 없다

나 원 참

모든 게 비정상으로 유턴을 하지만
그래도 귀는 살아있어

늙는다는 건
쪼그라드는 것을 체험하는 일
유독 머릿속 공상만 크게 크게

재미 삼아 자라는 그런 걱정쯤이야
파리 목숨처럼 때 되면 꺾어지겠지만

사람이 살고 죽는 일은
비틀고 비트는 참선

사람으로 완성되기가
휘어져도 천년을 버티는 나무처럼

나 원 참

낙조 지다

무심한 척 수시로 보냈을 저 신호
어쩌다 통한 것처럼 눈에 넣은 하늘이
갈 길도 지나온 길도 붉어서 겹겹

어쩔까 급해진 인사
연서 같은 암호 같은
내 말인 듯 네 말인 듯

사는 게 바빴다

추신 -
날아가는 새 깃털 위에도 남아 있다
이토록 붉은 생

다시 길 위에서

빠르게 지워지는 기억을 좇아
마지막일지 모르는 길 따라가기

출발은 분명하지만
돌아올 날 정하지 않은
살아있는 날의 자유로운 여행

누명 쓴 형벌 같아 억울하다가도
쳐다보면 서로 아무렇지 않은 척

신혼길 더듬어 나섰던 칠순 여행 그때처럼
신나게 따라 부르던 추억의 노래는 그대로인데
표정 없이 앞만 보는 사람

그때도 지금도 눈물이야 나지만
그래도 그때가 좋았구나

다시 창밖으로 던지는
몰라

봄, 너 때문이야

길게 이어진 봄
삼월 말에 걸어가는 길
만개 직전 꽃이
영동 바람에 바둥거리며 피는 것이 아까워
우리가 있다 힘내거라
머리카락 펄럭이며 걷는 길

한갓되이
구차함을 신비한 것이라 다독이며
길이 아니라 이건 세월이라 우기는

어디에서든 봄은 오고
많은 봄을 보냈듯이 올해도 봄이 오는
생애 처음인 날이 오늘의 마지막

살짝 슬퍼지는 것은
허리 굽은 사람 때문이야
툭하면 터지는 울음 때문이야
꽃 너 때문이야
〈

지나와 뒤에 선 길
꽃이 지는 기미 모른 척하는
다시 그 봄

2부

숨어도 들키는 동박새

흔적 지우기

이렇다니
언젠가는 남기다가
이제는 지우는

나만 떠나면 된다가 아니라
남겨진 사람들에게
미안하지 않다는 게 이상하다

이럴 까닭이 없다고들 하는데
해명을 들을 수 없다
그 사람과 몇 시간 전에
인사를 나눈 경비도 입을 닫았다

높지도 않은데 옆으로 기운 아파트

구름이 그림자를 품고
앞서간다

불꽃 축제

시작은
떼창을 이루는 동네 어린 강아지로부터

공존을 조절하며 늙어가는 아래윗집 개
조용하다
이제는 베란다에 매달린 이도
불꽃을 향해 뛰어가는 이도 없이
지진 같은 진동과 함성에
볼륨을 키우는 작아진 사람들

앞을 가로막은 고층 빌딩 사이사이로
사방에서 터져 날아오는 쌀알들
빌딩풍에 시달리던 오래된 집이
낮아지며 들썩이자
벌어지고 있는 벽이 신이 났다

틈마다 날아온 쌀알들이 켜켜이 박혀
누수에 꽃 필 나락 이렇게 씨 뿌렸으니
가문 날 가라 비를 기다리겠단다
〈

그해처럼 올해도 풍년인가
누군가가 매달렸다 놓친 밧줄을 타고
작은 것은 작은 것대로 큰 것은 큰 것대로
까만 봉지에서 밀봉된 꿈을 꾸는

갈 수 있는 희망
내년에도 풍년이려나

5일 장날 장터에 가면 책이 수두룩

낡아서 산다
늙어가며 산다

웅크린 삶
살아온 만큼 소소한 책이 되는

시장은
살아있는 박물관
움직이는 도서관

나도 슬쩍
책의 갈피로 섰다

붓끝에 속내를

오래 참았구나
단번에 알아볼 수 있는
저 몸짓

다 내 것일까
과하거나 아직 남아 있는 것은 없을까
뜯어 보니 성깔 있는 모난 사람이었구나

파도에 입힌 침묵 하늘까지 끌고 가
제목에 힘이 쏠리는
푸르고 흰 자화상

웃는다고 웃었다

어쩌다 붙들려 사진 찍을 때
웃지 않으러 애쓴다
지적당해 웃으세요 소리에 살짝 웃다 보면
영락없이 틀어지는 입
실망도 잠시
그 입으로도 따신밥 같은 말이나
배려의 미소 정도는 품을 수 있음을
이만큼 와서야 알게 되었기에

많이 남은 길을 가는 이에게
스치고 지나친 소소한 기억
같이 느낄 수 있으리라 믿어
한 뼘 짬 잠시 쉬어가라
헐렁한 의자 하나 슬쩍 밀어 본다
배려보다 앞선 비틀어진 미소

선목

붉은 허리띠를 얻었다

서서만 보던 하늘
깨고 보니 누웠다

세상이 같이 누웠다

더듬어 보니 오래 몸을 틀었던 게야
작은 기척에도 궁금증에 진중하지 못했어
가려지긴 했지만 서서 보는 하늘은 달랐지
간절했던 간벌이 누워서 앞뒤 잘린 궁리라니

이게 뭐야

놔라

야반도주하듯 떠날 오월이 하루 남은 날까지
봄은 언제 오냐고
기다림에 들떠 또 물어보는
그러다 불쑥 가장 좋았던 시절이 떠올랐을까
겨울에 손 놓은 휴대전화 어떻게 돌렸는지
1994년 4월에 멈춘 달력

요일이 안 맞는다는 말을
서른 고개쯤 넘어서야 겨우 통한
반백 년 부부
오늘은 서른 백번쯤 꼬부랑길을 헤맬 것 같은

음
놔라 나도 가볼란다
내게도 좋았던 때가 있었을 터
오늘 하루 그때로 돌아가게
놔주라

여든다섯 여든일곱

할머니들 대화가 귀를 당기는

미용실에서의 첫 만남
아픈 친구부터 죽은 친구까지
금세 나이를 나누고 마음을 터는 친화력
좀 전까지 친구가 필요 없으시다더니
떠난 영감 얘기에 진심을 담는
늙어도 여자인 두 여인의 긴 여정

들쑥날쑥 사연에 흑백 영화는 돌아가고
말로도 그림이 그려지는 동시대의 공감대
바깥은
그러거나 저러거나 저녁을 향해 있다

할머니들 얘기에 공감하는
나도
이제 저녁

동백섬에는 날마다 꽃

행여 저문 꽃에 서운해 마오
우렁우렁 바다 있고
숨어도 들키는 동박새 있는 이곳에 오면

날마다 새날이듯
당신이 꽃이라오

행여 찾지 마시오
꽃 진 자리도 붉어 바다는 넉넉하고
동박새 작은 날갯짓에도
바람 웃음 터지는 여기에서는

오늘이 새날이듯
이미
당신이 꽃이라오

보리숭어

이맘때일 거야
숭어가 뛰고 꽃잎 날리는

봄놀이보다 먼저 그리운 이
다른 것 희미해져도 갈수록 선명한 기억

아버지 기일 지나고 엄마 기일을 찾아보며
오시라고 언제든 오시라고
동그라미 크게 동글동글 그려 넣는 징검다리

4월 달력 분주한 꽃날

등살 붉은 쫀득한 숭어 한 접시
그리운 이 기다린다

문득 가려웠던 귀

오래전이지
완도를 지나 다시 다리 하나 건너 진도

바람 방향에 낚싯대를 끌고 다니던 먼 거리보다
하룻밤 핑계가 단단한 것은

다음 날이 진도 5일 장날
많지 않은 숙소 길갓집 편하게 잡고
주인이 일러준 가까운 식당 천장 낮은 방
오랜 흔적의 메뉴판에는 불고기, 생고기가 전부
단 것이 싫어 생고기를 시키고 마냥 기다린 불판

선거철이라 떠돌던 얘기에 주인장 부르기도 조심
맥주 한 병을 더 시키며 불판이 안 왔다 하니
기다렸다는 듯 와아 하고 터지던 웃음

뭉텅뭉텅 썰어 놓은 마블링 없던 고기는
육회처럼 생으로 먹는 것
듣고서야 웃음을 보태고 술잔도 나눴던
〈

그 맛을 못 잊어 다시 찾은 집
걱정과 달리 그 자리 그대로
반백의 아들 내외가 우리를 알아보고 반기는

귀가 안 가려웠냐며
한동안 우리를 들먹였단다

외지인이다 싶으면 선 설명 후 주문

귀를 안주로
다시 나누는 술잔

함빡 함박눈

갑자기 눈이 온다

갑자기 나를 바꿔보고 싶은
갑자기 가던 길 바꾸고 싶은

기척으로 오다가 확실한 존재로
마법사처럼 펄럭이며 오는 함박눈

순서대로 주문대로 바뀌고 있는 파노라마
눈옷을 갑옷처럼 입는다면
나도 변할 수 있을 거야

가던 길 멈춰
입을 벌리고 소망을 들이켜
먼 기억 속 약속으로 가는 길

이대로 간다면
얼룩진 세상 일부는 지울 수 있겠다

삼키는 웃음
희다

버킷리스트

 한때 유행처럼 돌던 그때는 나름 단단하고 촘촘하다는 느낌으로 바빴을 때라
 헐렁한 것은 내 것이 아니라 생각했었지

 가끔의 식성 변화에 다각의 이유와 나열이 복잡해지는 선택권에서 이솝 우화가 요즘 대세에 맞게 재해석되기도 하지 고집스럽게 남아 있는 건 서로에게 준 불편한 그런 배려 말고 선물과 화해, 편한 결말이 좋은 건 이제야 두리뭉실해지는 중이라는

  일단 작성해 볼 오늘의 할 일
  이제라도 챙겨 볼 버킷리스트
  그전에 다녀올 빡빡한 병원 일정
  인생에 늦은 건 없다며
  내가 나를 웃긴다

삐져나온 속

어쩌다 보니
담긴 것들을 활짝 찢어 쏟아놓고
아니다 싶어 다시 담아보려는데
중간을 관통당한 비닐봉지 만만찮네

몇 번씩 치고 올라오는 울분
억울함이 커서 부피가 커지는 무게
이것도 빠지고 저것도 삐져나와
속 비운 봉지 덜 담고도
내 것이 아니다 게워내는

폭염주의보 내린 내내
앞 동 옥상 까마귀
꿱꿱거림이 심상치 않아
닮았어

저 성질들하고는

불멸의 불면

pm 20. 꾸벅잠에 놀라 허리 곧추세우는
    21. 본 적 없는 연속극을 기다리는 척

사이사이 꽃이 된 T·V 선전
고운 원색에 짧아진 호흡
저녁+잠= 새벽 보초
더는 싫어 달궈진 옥상 탱크 시들한 물에
젖은 머리 흔들어 생각 말리기

영접하는 22, 23, 24.
반복이 반복에게 능숙하게 1을 던지는
자유롭게 방목 중인 숫자
빨라도 느려도 혼자 놀이에 바쁜 지구본 옆 둥근 시계
오늘도 잘못된 암산 선명한 벌칙에
am 4. 5.

이게 아닌데
길 건너 아파트 창이 붉다
아침이다

그 봄을 당기며

바람이 왔다 갈 것을 미리 알고
꽃이 왔다 갈 자리 눈도장 찍으며

나섰다

선을 당긴다
이쪽저쪽 직선
날 선 쨍한 것이 줄 맞춰 날개를 펴고
눈 뜬 것들 사이로 팽팽하다

떨어지던 꽃잎 멈칫, 한 발 끼우던 신발이 삐끗
하루 저만큼 또 다른 하루
숨은 듯 보이게 저기 서서 기다리는

가고 오는 것
꼭짓점을 돌리며
수평인 듯 그리는
동그라미

상처가 상처에게

살아있음에
아직도 살만하기에 길어지는 꼬리
끄덕이다가 다시 어리둥절해지는

언제 적 일인데
사람살이에 떠밀려
잊었던 동화는
아직도 착하다 나쁘다 단답형

안으로 들이려
밖으로 열린 문들과
자문자답에 열리지 못한
저 문 또한
그 상처
스스로 치유되기를 갈망한다

3부

세상 가장 정겹고 슬픈 이름

소통에 대한 시집을 읽다가

모처럼 한 시간 타이머에 즐거운데
통화가 취미인 사람이 곁에 앉았다
한 번 읽은 시를 다시 읽기 몇 번
그녀의 취미는 방해받을 생각이 없나 보다
책을 덮고 휴대전화를 꺼내니
목소리 톤을 높이며 일어서는

책이 다시 즐거운데
한파주의보에 두꺼운 외투가
비비고 앉아서 보내는 신호
건들면 눈썹이 잘못 그려져요
탁탁 두드리는 파운데이션에
내 팔을 타고 시가 흔들

생활이 공존하는 지하철 안

서동에서 꿈꾸다

동쪽에서 서쪽으로
가을 노래 속 풍경처럼 불쑥 들어온
가깝지만 처음인 이곳

작은 저수지가 있고
뻘쭘히 서 있는 현대식 건물은 모두 커피숍

옛길이랑 나란히 굽은 슬레이트 지붕엔
더러 올라탄 박보다 더 많은 동네 고양이

집집마다 다르게 불리는 이름에도
혼동의 다툼 없이 챙겨 먹는 고양이와
고르게 밥을 나누어 주는 오랜 이웃

팥을 다루는 집이 유난히 많아
우물 있는 마당에서 팥빵을
몇 집 건너 단팥죽을 또 먹는

정오 한참 지나자
수줍게 화려한 백일홍 과꽃 분꽃

시선마다 선이 낡아 더욱 편안한 지붕 낮은 집

방 한 칸 세 들어
그냥 살고 싶은
서동의 달달한 오후

안부
-모자의 통화

별일 없나
엉
말이 짧다
어어엉

힘들었을 하루를 짐작해 보고
그래도 별일 없음에
길었던 간밤 꿈은 개꿈

불쑥 걸려 온 전화에는
뭔가 있다
입 따로 생각 따로
통화가 길수록 다양한 추측

먼저 바쁘거나 앞선 내일이
일 년 웃고 십 년 쉬는 듯 웃다가
지금은 안부만 들락날락

덥다고 한동안 미뤄 온
택배,
갈 길이 멀다

액세서리 귀가

소문난 몸국 먹어 볼 계획에
대충 그 주변 숙소를 잡았지
쉽게 알려준 신호등 두 개 가볍게 나선 길
파란 지붕도 지나고 낮은 돌담도 지나
이미 길은 멀어지고 식당 이름도 가물가물
택시로 신호등 하나 거슬러 내려와
몸국 몸국 몸국 외우다가 돔베 고기를 시키는
그때부터 작정했듯 어긋나는 길들

집을 잊고
나날이 넓힌 밤하늘 별밭에 빠졌다가
낚싯대에 줄줄이 걸리는
시간의 대어에 번호를 부여하며
내일은 집 찾아가자 부부가 되뇌는 주문

다다음 날
용문 앞 국숫집에서
별을 기웃대며
또 깊어지는 주문

엄마

　우와! 우리 엄마다

　활짝 핀 라일락꽃 배경으로 지금 내 나이보다 몇 살 많아 보이는 엄마와 사십 초반의 내가 눈이 감기도록 웃고 있는 빛바랜 사진 한 장 유턴과 직진 정지된 틈에서 혼자 자라는 그리움이야 사느라 밀리기도 하다가 지금도 엄마 소리에 어디까지 돌아가는 고개

　웃다가 울다가 웃어도 늘 똑같은
　세상 가장 정겹고 슬픈 이름
　엄마

　엄마야
　올해도 라일락꽃 한창인데
　그때가 봄날이었다
　그쟈?

그렇게 하면 되겠네

거창하게 세운 계획
여기 오기까지 삼십 년
결단을 내리고부터 무너져 내리는 벽
하루가 다르게 매시간 뉴스가 터지고
반값까지 내려간 것이 속보로 신이 났다

그래 자다 깨다 할 것 없이
십오 년 잡은 수명 십 년만 살다 가면 된다
그것도 욕심일지
갑자기 깊은 잠이 폭풍으로 쏟아진다

옛날 같지 않아

익숙히 발가락 하나를 칭칭 감은 이유
먹을 때마다 궁금했던 요구르트 향으로 던지자

더 달짝지근한 답
- 새끼발가락이 자꾸 기대다가 파고들어서 친한 니들끼리 해결해야지 싶어 뒀더니 자꾸 살을 파고드네 애정 결핍인가 봐
- 내 발이 내 발 같지 않으면 내 몸이 이미 내 것이 아니야
헛디딘 발 깁스했다더니 모처럼 출석에 불쑥 치고 들어오는 옆 사람

사람도 죽고 사는데
몸이 따로 노는 그까짓 것 뭐

달달한 대화

부음

뜸했던 소식이
툭

정지된 공간에
가슴에서 머리까지 무딘 반응
나대지 않는 심장

수신자 부담으로 달려온
긍정과 부정의 길이

불쑥 들이닥침에 진정하고
랩으로 흘리는 한 소절

나 곧 가마

긴 전봇대보다
더 길어진 그림자 하나 덮쳐
해가 빠진다

오늘도 달린다

혼자만의 공간으로 돌아갈 어른아이와
빈집이라 갈 수 없는 아이
스키 안경을 끼고 서울을 누빈다

그들 투합은 서두르지 않는 장기전
조금씩 느린 속도로 되돌아가
14인치 티브이에서 스머프를 만나는

40년의 길고 긴 여정의
흐린 날들을 잊지 않으려
밥줄 같은 실마리를 붙들고 항해하는 선장은
애꾸가 아닌 동행의 조력자

괜히 그랬어
스머프가 우리말을 한다는 것에
신기해하던 아이에게
성우를 말하지 말 걸 그랬어

서울이라 흩어져 달리는 눈발

〈
만두소 같은 아이들이 스키를 탄다

추운 날 눈 가림막을 대신해서가 아니라
신나게 달려도 녹지 않는 설국

스머프가 사는 나라는 그래도 뜨겁다

시편지

그녀가
말없이 보내온 시
또 울컥

더불어 살아온 시가
왜 나만 아프냐 징징일 때

우리는 다 아프다는 다독임
깊이 아프다

저녁 바람도 초승달도 모두 내 편이니까*

그래
힘내자

* 도종환 「노을」에서.

우물이 있는 집

조금씩 허물어지고 있는 흙담 안에는
그때쯤 이야기가 새롭지도 않아

밤마다 별을 따다 파종하는 이 집 우물은
노동가도 별스러워 닫아건 문들도 덜컹대는

삐걱거리는 쪽마루가 있는
오늘이
힘 빠져 시들할 때도

이 집이 환한 것은

하늘이 쌓여
낮아진 우물이 있어서이지

울퉁불퉁 빈 밭이 그리운

딩동 해서 나가보니
감자가 한 상자

오래된 연중행사
이 더운 날 얼마나 힘들었을까

감자쟁이니까 얼른 쪄야지
나갔던 정신 돌아와
감자는 역시 강원도라 할지

잘 받았다 전화하면
아닌 척 모른 척 같이 또 울까 봐
젖은 눈으로 자꾸 고쳐 쓰는 문자

돌아올 거야 예전처럼
그러면 부산 앞바다 싣고 가
구룡령 구름 난전에 앉아
그날들처럼
감자부침개 먹자꾸나
〈

울퉁불퉁 여름 땡볕 가득한
빈 밭에 나가
꼬독꼬독
눈물 말리는 앞선 풍경에
눈치 없이 뭉그러지는 글씨

유난히 이쁘네! 올해 감자

지금은 성업 중

밥 먹고 약 먹고 약 먹고, 밥 먹고 약 먹고, 밥 먹고 약 먹고, 자기 전 약 먹기 줄지어 분리된 탁자 위 약 누가 누구에게 길드는 것인지 얌전히 지키기 약이 사람이 뭐라 하네

선택권을 준 적 없지만
조용한 척 하나가 된 하나
챙겨주다가 내 것인 줄 내 입에 털어 넣는
밥 먹고 내 약 먹고 처방 다른 약 먹는

약은 약사에게 병간호는 간병인에게?
뒤죽박죽 언제부터인데 어겨도 잡아가지도 않네
아니다 우리 집은 사설병원

쉿!

은행나무, 가을

비상을 위해 직수그리다

갈바람이
탁

  어
어 어

나비 나비
  나아
    비
      이

샛 노 랗 다

화답 花答

백 살 넘은 나무집이 아니라
뒷마당 아름드리나무에 반해 샀다는
그 자목련에
아가씨 젖꼭지만 한 꽃망울이 달렸다

이상 기온에 폭설이 내려 이러다 다 얼어 죽이겠다 싶어
 sorry 대신 미안하단 말로
 손 닿는 밑가지 꺾어 식탁에 꽂았는데

 이곳 예보도 우리와 다르지 않아 다시 따뜻해지는 날들
 애먼 짓 한 것 같아
 아침 인사 올리는 편치 않은 며칠이 통했을까
 출국 이틀 전부터 보고 가라고 입을 열더니
 애기동백꽃만 한 꽃들을 올리네
 저쯤이면 말귀도 열렸겠다 싶어
 난 자리 서운할까 발음도 똑똑히
 느리고 천천히 꽃에게 건네는 인사
 〈

니는 오래오래 피어 이 집에서 행복하게 잘 살거라

보수공사 끝난 나무집 서툰 덧칠 페이스톡에

사투리 터득한 미국 자목련이 깡충깡충
보이소 내 쫌 보이소

아이고
주먹만 한 꽃으로 주방을 튀기고 있네

이름 달기

헐거워 기울기 시작한 치아
배 속 유형의 열 달보다 고단한 것은
이미 혼자만의 빈 시각을 조종해 보았기 때문
아마 그럴 거야

출발합니다
찌익 찌이익
우주 공간의 시간이 마구 위치를 바꾸다가
뚝
입안에 건물 한 동 재건축 시비도 없이 그렇게
아무 일도 없었던 듯 조용히

갈 때와 달라져 돌아와도
집은 가만있는데
신탁 방지 현수막과 재건축 현수막이
마주 보고 건들건들

다른 척
제 몫으로 버티는
사이와 사이

그들의 고향

작은 새
올라탄다
하나 흔들
둘 셋 넷 출렁
옆 가지도 많은데 또 추울렁

물어온 하늘이
움츠렸던 몸을 펼 때마다
파도타기로 이어지고

어린 곁가지들이
세상을 전해 들을 때마다 조용히 자라는

지난 세월 다독여
가까운 그림자 비켜서서야
온전히 보이는
그들의 집

4부

푸르거나 짙거나 옅거나 붉은

바람 한 벌

씨앗 뿌려 산 날보다
벗기며 산 날들이 많은 어느 날
마지막은 나도 빛나리라
작심으로 빚은 옷 한 벌이라는데
그 옷
삼십부터 오십까지
틈틈이 만든 옷이라는데

삼베 값을 셈하느라 품은 날밤 많았지만
본인 옷에 값을 생각한 적 없다는
마지막 수의 한 벌

내장을 찍기 위한 금식에 목말라
더욱 깊게 와닿은 걸까
팔십 촌로의 굵은 주름까지 내 것으로 와

봄옷이라 차려입은 내 옷이
벚나무 털 듯 탈탈 털려
바람에 훨훨 날리는

이사 목록

생각이 많은 것은 걱정을 키우는 일이지
그보다 버린다는 것이 더 슬픈 것 같아

무겁게 차지하는 것을 가볍게 굴리기로 마음 정하니 말 많은 여자처럼 쉽게 말하는 입의 무게가 부피로 전환될 뿐 가지고 갈 것과 버릴 것을 표시만 해 놓으면 된다고들 하지만 삼십오 년 칩거로 산 그것 중에는 본가의 흔적까지 있어 정말 선택은 쉽지가 않네 집이 없어진다는 것보다 흔적을 지워야 한다는 것이 혼란스러워 나를 버리는 게 빠를 것이라던 앞선 말이 자연스럽게 이어지는 날들

살다 보면 또 조금은 더 살아지겠지만
이번이 마지막이라면
정말 나를 버릴 것인가에 대해
다시 겸손하게 고개 숙어지는
묵언의 시간

접다

유난히 하늘 푸른 날은
티끌 하나 보이지 않아 무섭다

알츠하이머와 치매에 머물렀다가
전이성이니 원발성 뇌종양이니 팽팽한 의견들이
개두술 전에는 알 수 없음으로 의견 일치
다들 친절하지만 그 친절함이 혼란스럽다

말수 적은 사람
무심한 척 말을 아끼는데
내기를 해서 지고 있는 중인지
시시각각 빼앗기는 기억들

정신 차리자
지나고 보낸 어려웠던 일 한두 번이었나
이 또한 지나가길
하늘이 얼룩덜룩

졸복 영접

오늘도 수상해
그들이 나오면 우리가 장소를 이동할 만큼 많던
그 엄청난 집단이 조용하니

숨을 죽이고
얕은 물 속을 내려다보면서 움직이는 우리가
또 다른 이에게 수상한 것인지
그냥 지나쳐도 될 일을
누구든 일부러 언덕을 돌아 내려와 물어보는

하긴 깊고 넓은 바다를 두고
돌밭 그것도 두 뼘 깊이에
흰머리 둘 코 박고 얼쩡거리니
내가 우리를 생각해도 궁금증과 관심을 끌만은 해

약에 쓰려 개똥을 찾아다니듯
오늘도 민장대 두 개 달랑 들고
독을 다스리려 더 독한 독을 찾아

손가락 두 마디만 한 졸복을 찾아

새끼손가락만큼 남은
주름진 오늘을 비벼서 편다

황당한 봄 봄

야외 학습을 갔더이다
아이들 수만큼 어른들 많아라
미나리 쑥쑥 자라고
지천으로 깔린 쑥 쑥쑥 자라 쑥밭이 된 둑길
뽀뽀뽀도 부르고 봄나들이 합창으로
신나게 걸어가는 야외 학습
동네 강아지 엉겁결에 따라 나와
개판으로 사랑 나눠
노란 모자 눌려 쓴 원생들 눈이 휘둥그레
선생님 뭐 하는 거예요?
빨갛게 얼굴 달아오른 처녀 선생님
우물쭈물 딴청 피우니
소문난 욕쟁이 할머니
아이고 개씹도 모르는 게 선상이가
야야 가자 선상도 별것 아이네
엄마들 선생님들 당황하고
아이들 그 말을 유행어인 양
논둑길 걸으며 개씹 개씹 합창하는
〈

황당한
봄 봄

나란히 모란꽃

재개발되면 초고층 주민이 될 이웃이 지나갑니다
인사에 덧말을 보태려다 말을 삼킵니다

강아지 태운 유모차 누가 누구의 보호자인지
어른 키 높이 입주목이 울울창창한 거목이 되어
그림자 길이 늘이며 아래로 귀를 세웁니다

꽃 필 무렵이면 봄보다 서둘러 오는 이로부터 온 동네가 복잡해집니다
  소란했던 한낮이 지나고 관광버스도 일정에 쫓기듯 떠나면 산책하듯 다시 나오는 사람들 모두가 조용합니다

재개발이 의미 없는 조용한 오랜 이웃들이
앞서거니 뒤서거니 늙어가고 있음을 짐작합니다

어떤 상황에도 짖을 수 없는 늙은 개 공손히 유모차에 태워
  지팡이 대신 끌고 가는 어르신의 오물거리는 입

곧 피어날 모란꽃
그때의 중년 여인입니다

지나간 하늘에 연을 날리다

아직 모른다

하나둘 기억을 돌려
진행 사이에 멈춤을 조절하는
서두르지 않지만
위로 차고 오르는

제 몫만큼의 높이에
쩌렁쩌렁 갈라지는 겨울 하늘
저쯤이면 됐다 싶은데
한 조각 얼음으로 쨍한 울림

비상등을 돌리며 출동하는 드론
구멍 난 것들 이리저리
심폐소생술로 환생하는 하늘

방금 나온 사람
어느 쪽이 가해자인지 눈으로 물어봐도
얼레를 돌리면서도 모르겠다
〈

멀리서 다시 살아나는 연
어디선가 시동 거는 소리 얼핏 들린 듯하다

소철나무 꽃

꽃이 피자 주변이 소란스러워지고 나를 안다는 사람이 많아졌어

누군가가 던져줬는데 지금까지도 기억이 없네

시장 모퉁이 좌판 순대 포장 신문지에 돌돌 말려왔나 똥 퍼 아재 커피잔에 담기기에는 너무 크고 옆집 옥상 치매 할배가 퍼먹던 고추장 항아리 옆 똥 싼 씨앗이었나 생각이 안 나는 것은 줄 때도 받을 때도 감동이 없었다는 것인데

그냥 생각 저편의 소철이 몇 년 만에 스스로 꽃으로 핀 것이야

다리 개통식만큼이나 시끌벅적 요란한 시간이 한동안 이어졌고
꽃이
나무로 올 때처럼 기억 저편으로 시시하게 가고도 한참
나는 오랫동안 인사 나누기에 바빴던 날이 있었지

집을 옮기고 있어요

개미, 어슷어슷 재단하더니 머리보다 큰 나뭇잎을 메고 일제히 움직이고 있어요 그들의 외침이나 구호는 들리지 않지만 집으로 가나 봅니다

부동산 가게 앞 유리에 붙은 집들이 늙고 있습니다
하자라고 하기에는 너무 오래 기다렸나 봅니다
안쓰러움이 전해졌는지 말을 건넵니다
- *구멍 난 게 한두 갠가 붙박이로 요리조리 한두 번 덧바르고 치장해도 이제 더는 방법이 없어 너도 늙어 봐서 알겠지만 더 이상 세월을 지탱하기에는 너무 버거워*

작년부터 앞 동 옥상에서 버틴 까마귀가
간간이 농을 걸어오는 창밖으로
집들의 말을 옮깁니다

나를 내놓을까 합니다
길에서 조곤조곤
사세요
팝니다

죽음에 이의를 달고

소리를 죽이고,
성질을 죽이고,
관계를 죽이고,
한숨을 죽이고,
눈물을
미련을
앞으로 가는 생각을
생활을
차근차근 은둔으로 친밀하게 계획적으로
죽이고
단어를 접는

다 죽이고도 아직은 살아있는
죽음에
한 줄 첨삭

먼 거리 가까워야 알 일
아직 너는 죽음을 키우고
나는 이제 거두고 있으니
내 죽음은 내 것

〈
살아봐라

처서

할머니 뭐 하세요
살갑게 온 전화
대답도 하기 전에
오늘은 처서예요
손주 말에 흔들

수시로 살다 살다 처음이라는 노인들에게 집만 찾아가면 될 나이라고 했지만 나 참 여덟 살 처서에게 매일 갱신 중인 더위처럼 헉! 하고 말문이 막힐 줄이야

바람 손짓 한 번에 기다렸다는 듯 떨어지는 나뭇잎 괜히 미안해 적당히 하라 건네는 인사에 입추 지나자 바람이 달라졌다며 계절은 정직하다던 땀 범벅 경비원 내일도 웃으며 입 돌아간 모기 함께 비질하려나

생수 한 병 냉동실에 넣으며 흥얼거리는 처서
잊고 있던 절기 하나 사라지니
기분 좋아지게 하는 정직한 계절
올해도 이럭저럭 남은 날이 짧다

이러면 안 되는 거지?

몰래 마시는 커피 한 잔에 흥분을 감추고
아닌 척
연기를 걸러 마시는

그는 이미 맛을 잊었고
진행되기 오래전에
냄새를 지웠기에 전혀 개의치 않다지만

나는 도둑인가 봐
제 발 저린

어디까지 왔냐고 물어봐 주는 이 있으면 좋겠다고 시작한 중얼거림 끝에 반쯤 남은 처세론 그래도 이러면 안 될 것 같아 나를 나누어 반듯이 기도로 세운다

특, 상, 중, 하, 꼬마, 파

고구마 한 상자 무게보다
빨간색 동그라미 속에 빠진 파가 궁금해 빨라진 발걸음

막히는 차들 사이로 뛰어다니는
특 상 중 하 꼬마 파
안이 보이지 않는 등급들
나의 등급은 뭘까

집 앞 신호등에 멈춰 선 1t 트럭
오른쪽 적재함이 삭아 내려앉아
굴러는 갈까
좌회전 차선에서 올려다본 운전석
이유가 있었네 경력은 분명 특급

특 상 중 하 어느 것일까 확인 못 한 파
확인했었어도 꼬마나 파는 이미 숨아낸 단어

직진과 좌회전 동시 신호에
언제부터인가 반 박자 늦게 출발하는 남편도

반 박자 더 늦은 만류의 나도
까맣게 늙은 촌로도 사이좋게 한 상자

우리는 고구마 세 상자 고구마

굴러가는 적재함에서
솎아낸 파
파 파 파 파닥거린다

비상구는 안에 있다

늘어놓고 본다
다 똑같은 색이다
푸르거나 짙거나 옅거나 붉은 것 하나 없는 곳
두드리며 누구도 듣지 못하게
여긴가요 아닌가요

숨어 있던 푸른색이
어린 이마를
으쓱이는 어깨를
오래전 멈춘 타자기를 기억하며
손끝으로 보내는 신호

응답하듯 받지 않을 전화벨이
여운으로 남겨져
우리를 닮게 하는

지금 나는
반복을 튕기는 연사의 반짝이는 유리
허공 높이 치솟아 오르는 연
〈

다시 여긴가요
더듬어가는
푸른 계열 비상구

혼숙

갈수록 늘어나는 외박
살아 볼수록 마음과 다른 몸

젊은 남자 늙은 남자 같은 방에서
늙어도 여자라더니
부끄러운 것도 처음 말이지
낮에도 눕고 밤에도 눕고
지금은 누워서 벽을 틔우는

각을 자른 벽
둥글게 커튼 한 바퀴 돌아
주인 각각 다섯 개의 방
방마다 앓는 소리 달라도
죽으려고 하면 살려 놓고
살아 볼까 하면 또 반쯤 죽여 놓는

시작한 대화는 초점을 맞춰
성한 몸처럼 달리다가
살면서 이러면 안 되는데
횟수가 잦아질수록

누구든 뻔뻔해지는

보호자 명찰은 남녀 구별 없이
목에서 헐렁
여기는 종합병원 8병동 15호실

흘린 것은 있어도 늦은 것은 없다

구순에 신인상을 받는 이
팔순이 다 되어 글을 깨친 이
그래도 사랑이라 고백에 수줍은 칠순

뭐가 대수랴
하고 싶었던 것 더 늦기 전
머리맡 종합 사탕 마른 입안에 굴리듯
해보는 거지 뭐

새날에 하루
드디어
조심스럽게 두드려 본다

계십니까?

카르페 디엠

달빛에 들락거리는 이 새벽
화장실 거울에 비친
희끗희끗하고 쭈글쭈글한
누가 있어 물어본 것 아니지만
이런 것은 아무것도 아니야

그저 어제와 연결된 오늘을 위해
여러 알약 색깔별로
식전 식후를 가름하는 게 우선

밖으로 나오지 못하는 비문증 또한
차라리 소망으로 소통의 다리를 놓는
유일한 긍정

건강하시라
모든 이에게 보내는 안부
오늘을 즐겨라

∞해 설

어른은 언제나 아이로 열려 있다

신상조(문학평론가)

 최수지의 시세계는 문학과 일상의 경계에 걸쳐 있다. 그의 시에는 "옛길이랑 나란히 굽은 슬레이트 지붕엔/더러 올라탄 박보다 더 많은 동네 고양이"들이 "집집마다 다르게 불리는 이름"(「서동에서 꿈꾸다」)으로 돌아다닌다. "한파주의보에 두꺼운 외투"를 입은 승객이 얼굴에 "파운데이션"을 탁탁 두드리고, "한 번 읽은 시를 다시 읽기"(「소통에 대한 시집을 읽다가」)가 몇 번씩인 시인이 그와 나란히 앉아 지하철을 타고 간다. 시 읽기와 화장하기가 함께 하듯, 그의 시에는 문학과 생활이 공존한다.
 한 시인의 시세계가 일상적이라 규정하는 게 반드시 상찬일 수는 없다. 문학적 감각과 일상적 현실은 자주 불화하거나 동상이몽이기 마련이어서, 그 둘을 한꺼번에 끌어안으려는 시도는 예술도 생활도 아닌 엉성한 고백을 낳기

십상이라서다. 그러나 인간 삶의 근저를 이루는 세부적 일상에 문학적 복화술을 겹쳐 낯설고 감각적으로 형상화하는 일은 시에 삶을 실어 나르려는 정신들이 지향해온 이상이었다. 최수지의 『달려도 녹지 않는 설국』은 그런 지향성이 잘 적용된 시집이다. 최수지의 시세계를 일상적이라 판단할 때, 그 세계는 일차적으로 따스하면서도 유머러스한 인정에 기운다.

    꽃이 어제와 다르네요
    아닙니다
    어제는 덜 피었있는데 오늘은 활짝 피어 있네요
    아니라니까요

    힐끔 빈 침묵이 쌕쌕 비행기 흰 꼬리를 지우고
    다시 시작되는
    꽃이…
    아니라니까요

    꽃 트럭은 처음이라 준비된 큰 꽃병이 없네요
    그렇군요 그저 뭐 크게 중요합니까

    만개해서가 아니라 전부 털어 반값으로 산 꽃

앞이 안 보여 뒤뚱이는 곁으로

가볍게 퇴근하는 트럭이 웃는다

뭉쳐야 이쁘다 헤어지지 마라

야물게 동여맨 허리띠 풀어

물 한 동이 항아리에

풍덩 풍덩 풍덩

쥐 내리던 짧은 발

발 동동 굴리며 헤엄치는 꽃

서로에게 건네는 인사

괜찮나요

살만합니까

집안 가득 안개

-「꽃말 안개말」 전문

  안개꽃의 꽃말은 무엇일까? 안개꽃은 색에 따라서 그 꽃말이 다르다. 흰색의 안개꽃 꽃말은 맑은 마음, 사랑의 성공이다. 꽃장수가 파는 안개꽃도 흰색이 아닐까? '안개꽃의 꽃말' 혹은 '안개처럼 자욱한 안개꽃의 꽃말'이란 의

미일 법한 제목에서 보다시피, 최수지 시의 제목은 의미나 지시 대상이 중첩적인 경우가 흔하다. 「핑계 가지치기」는 가지치기하면서 대는 핑계가 민망하다는 의미고, 「나란히 모란꽃」은 곧 재개발이 이루어질 동네에 피는 꽃과 그 동네의 어르신과 그 어르신의 "오물거리는 입" 등이 나란함을 나타낸다. 최수지의 시는 다변적이지 않다. "나 원 참"(「나 원 참」), "몰라"(「다시 길 위에서」) "음"(「놔라」), "엉"(「안부―모자의 통화」), "아이고"(「화답花答」), "그래"(「시편지」) 등과 같이 느낌이나 놀람, 부름과 대답에 해당하는 감탄사로 단도직입과 거두절미를 실천한다. 이렇듯 시에서는 보이지 않는 다변의 욕구가 제목에서 드러남은 흥미롭다. 아무튼 꽃장수와 시인의 흥정을 좀 더 살펴보자.

사려는 손님은 꽃이 어제보다 활짝 피었다 지적하고, 팔려는 상인은 아니라고 부인한다. "꽃이 어제와 다르"다는 건 어제보다 시들었다는 의미이므로, "아닙니다"라고 반응하는 상인의 말은 진실 아닌 거짓이다. 하지만 "힐끔 빈 침묵이 쌕쌕 비행기 흰 꼬리를 지우고/다시 시작되는/꽃이…/아니라니까요"라는 대목에서의 저 '힐끔 빈 침묵'이 거느리는 휴지는 아슬아슬하면서도 분명 희극적이다.

찌르고 막다가 잠시 숨을 고르고, 다시 찌르고 막는 이들의 싸움은 흥정을 가장한 유희에 가깝다. 창과 방패처럼 한쪽은 공격하고 다른 쪽은 방어하는 관계가 불안하기는커녕 양쪽 모두 어금니를 깨물며 웃음을 참고 있는 형국으로 다가온다. "전부 털어 반값으로" 살 수 있음이 꽃이 결코 "만개해서가 아니라"는 걸 우기는 상인도, 또 그걸 믿어주는 척하는 손님도 넉넉하고 푸짐해진 기분이 되어 헤어진다. 꽃장수의 "트럭이 웃"으며 돌아간 뒤 "야물게 동여맨" 안개꽃 매듭을 풀어 항아리에 꽂을 때의 음성상징어 "풍덩 풍덩 풍덩"은 경쾌하고 장난스럽다. "콩닥 콩닥"(「하늘을 보게 되는 시간」)이라는 단어로 마음을 대변하거나, "뭉텅"(「핑계 가지치기」), "툭"(「부음」), "뚝" 혹은 "찌익 찌이익"(「이름 달기」)이 시의 한 행을 차지할 만큼 최수지의 시에서 음성상징어가 노리는 효과는 크다. "쥐 내리던 짧은 발/발 동동 굴리며 헤엄치는 꽃"이라는 묘사 역시 '발 동동'으로 말미암아 동심을 자극하는 대목이다. 물을 만난 꽃들이 "서로에게 건네는 인사/괜찮나요/살만합니까"는 최수지의 시가 세상에 건네는 온기 가득한 인사말이다. 시인의 인사말은 돌고 돌아 일흔 살 할머니와 여덟 살 손주의 페이스톡 인사로 귀결된다.

    하굣길 집까지의 시간은 8분

    아파트 사잇길로 걸어가던 아이가

    봄 선물로

    벌렁거리는 콧구멍 한쪽과

빈 하늘과
비어 가는 나뭇가지를 보여준다

하늘이 유난하거나
바람이랑 나뭇잎의 장난이 심한 날은
잠시 놀이터 그네에 앉아
베란다에서 내려다보는 어미에게 손을 흔드는지
목걸이 전화는 찰랑이는 하늘 물결

하굣길 통화가 요즘 최애의 시간이라는 손주
엄마랑 아빠랑 번갈아 하던 통화가 하늘에 꽂혀
칠십 하늘과 여덟 살 하늘이 부산과 김해를 오가는

할미는 오늘도
푸른 하늘이랑 잘 어울릴
분홍색 옷에 입술도 살짝 발라
콩닥콩닥 페이스톡 대기 중

- 「하늘을 보게 되는 시간」 전문

아이가 봄 선물로 보내주었다는 "벌렁거리는 콧구멍 한 쪽"은 당황스럽다. 그러다 시의 2연에 "목걸이 전화"가 나오는 데서 궁금증이 풀린다. 화자와 아이는 화상통화 중이다. 나이 칠십에 부산에 사는 화자는 여덟 살 손주가 하굣길에 걸어오는 전화가 생의 큰 낙이다. 화자는 손주가 들여다볼 화면에 자기가 늙고 추레한 모습으로 비칠까 염려스러워서 분홍색 옷을 입고 입술에 립스틱까지 살짝 바른 채 전화를 기다린다. 과거 젊은 시절이었다면 낭만적 에로스와 결합할 이런 행동이 다만 손주의 마음을 기쁘게 하기 위한 행동임이 하나도 아쉽지 않다. 손주와의 페이스톡을 기다리며 "콩닥콩닥" 뛰는 마음이 연애 시절과 비교할 수 없을 만큼 행복하기 때문이다. 아이는 보답이라도 하듯 할머니와의 통화가 "요즘 최애의 시간"이라고 화답한다. 화자에게 손주가 주는 기쁨보다 큰 '봄 선물'은 세상 어디에도 없다.

이처럼 『달려도 녹지 않는 설국』의 일상은 크게 셋으로 나눌 수 있다. 첫째는 가족을 등장시킨 시다. 이 시들 가운데는 "1994년 4월"에 얽힌 추억을 더듬다 서로의 기억이 달라서 "서른 고개쯤 넘어서야 겨우" 말이 통한 "반백 년 부부"(「놔라」)가 등장하거나, 「하늘을 보게 되는 시간」처럼 가족애의 훈훈함에 독자들 마음마저 흐뭇해지는 작품이 많다. 개중에서도 「꼭꼭 숨어라 어디까지 갔나」는 동생을 아끼는 화자의 마음을 통해 혈육 간의 뜨거운 정이 읽히는 시다.

망망대해 같은 하늘 속에서 구름 헤집고
숙면의 밤을 향해 돌고래 헤엄치듯 잘 가고 있나

거기에도 등대가 있었는지 다녀보고도 궁금해지는

돌고래 굉음 사이로 근접할 수 없는 곳이지만
곧 아버지 기일이니
생전처럼 앞서 걷는 아버지와
뒤따르는 어머니 스치지는 않았는지

조심해서 가고 도착하면 연락해라
성질 급한 카톡이 먼저 날아가는

성격도 외향도 다른 막둥이
영도다리 밑에서 주워 왔다는 오랜 놀람을
이번에는 업둥이로 바꾸고 둘 다 눈물 나게 웃었던
늙어도 나에게 아이 같은 막내
놀려도 이제는 웃는 여유 환갑이 그냥은 아니구나

밤새 연서 같은 카톡은
서쪽으로 수도 없이 날아갈 거고
〈

비행모드로 잠긴 입구

바다에 익숙한 우리 모두는

그때마다 하늘을 대해大海라고 할 것이다

　　　　　　　　　　－「꼭꼭 숨어라 어디까지 갔나」 전문

  시에는 세 가지의 서사가 드러난다. 생전의 아버지는 늘 어머니보다 앞서 걸으셨다. 내외간 살가운 정을 남들 한테 보이기 꺼려 점잔을 차리던 세대의 전형적인 모습이다. 다음으로, 화자와 동생은 성격과 생김새가 영 판판이라 화자는 어릴 적 동생을 "영도다리 밑에서 주워 왔다"라며 놀린 적이 많다. "늙어도 나에게 아이 같은 막내"라는 동생이 이제는 "업둥이"라 불러도 웃는다니, 그가 예전에는 다리 밑에서 주워 왔다는 말을 순진하게 믿어 울기도 많이 울었던 모양이다.

  마지막 서사는 외국으로 가는 비행기 안에 있을 동생에게 화자가 카톡을 보낸 사연이다. 탑승 후에는 전화기를 '비행모드'로 잠가야 한다는 사실을 화자라고 모르지 않는다. 그런데도 화자는 "망망대해 같은 하늘"을 날아 먼 이국을 향해 가고 있는 예순의 동생을 향해 "조심해서 가고 도착하면 연락해라"라며 "성질 급한 카톡"을 보낸다. 동생이 기내에서 "숙면"을 취하고 있다면, 동생을 떠나보낸 누나는 내내 간절한 마음으로 서서 안절부절 배웅하는 중이다. 잘 도착했다는 동생의 카톡을 받기 전까지, 화자의 마음은 편히 앉지도 못하고 서성이리라.

화자는 "돌고래 헤엄치듯" 날고 있을 비행기의 굉음이 심해서 확인할 수는 없겠지만, "곧 아버지 기일이니" 지상을 향해 오고 있을 아버지와 어머니를 동생이 볼지도 모른다며 애틋한 상상을 펼친다. "바다에 익숙"해서 "하늘을 대해大海라고" 부르는 사람 중 하나라서일까? 화자는 동생이 날고 있을 하늘에도 "등대가 있었는지" 궁금하다. 어두운 밤에 항해나 바다의 수로를 안내하는 등대처럼, 무언가가 동생의 앞길을 안전하게 지켜주었으면 싶은 화자의 바람이 무의식적으로 등대를 불러낸 것이다. 이 시에는 많은 말과 기억이 버무려져 있다. 과거와 현재의 시간이 겹치고 비행기가 나는 하늘과 화자가 있는 공간, 그리고 화자의 부모님이 오가는 이승과는 다른 차원의 우주 공간이 포개진다. 말하자면 '꼭꼭 숨어라 어디까지 갔나'의 세계는 다분히 환상적이다.

남편이나 손주, 피를 나눈 친정 식구들과의 사랑이 최수지 시의 시적 분위기를 휘감고 있다면, 『달려도 녹지 않는 설국』에 묶인 작품의 다수를 차지하는 두 번째 일상은 주위 사람들에 대한 걱정과 연민이다. 「그냥인 날은 없다」가 그 예다.

다른 날과는 달리
상황을 묻지도 않고 오겠다 했다
우리 집 부근이었고 나는 밖이었다
다음에 보자면서도 서둘러 왔지만
그녀는 이미 멀리 있었다
그리고 잊었다

이른 아침
한동안 뜸하던 목소리
이사를 했단다
끝과 끝

인사보다 절박함이 있었던 건 아니었을까
아침이 무겁다
불쑥 들이민 날이라도
그냥인 날은 없다
　　　　　　　　　　　　－「그냥인 날은 없다」 전문

「그냥인 날은 없다」는 술술 읽힌다. '그녀'와 있었던 일이 순정하고 우직하게 기록된 시다. 화자와 가깝게 지내던 '그녀'가 어느 날 불쑥, 집에 들르겠다고 전화했다. "다른 날과는 달리" 그랬다는 걸로 봐서 그녀는 평소 상

대방에 대한 배려심이 깊은 성격이라 여겨진다. 그러나 화자는 밖에 있었고, 돌아왔을 때는 이미 그녀가 멀리 떠난 다음이었다. 그녀의 방문은 말 그대로 불쑥, 이었고, 화자는 하필 밖에 있었다. "다음에 보자면서도 서둘러 왔"다는 걸로 미루어, 화자는 그녀에게 최선을 다한 거나 마찬가지다.

수사학적 치장 따위는 모른다는 태도로 조곤조곤 이야기를 들려주던 시는, 하지만 그녀가 찾아온 이유에는 "인사보다 절박함이 있었"을지 모른다는 짐작과 반성으로 정서적 파열을 경험한다. 화자는 어쩌면 자기 행동이 그녀를 외면한 데 불과한 핑계였을지 모른다는 데 생각이 미친 것이다. 그녀가 "불쑥 들이민" 절박함이 도움을 바라는 행동이었다면, 대수롭잖은 엇갈림은 일순간 평범하지 않은 하나의 사건으로 화자에게 책임을 물을 일이 되지 않겠는가. 그러므로 "아침이 무겁다"란 고백은 연대와 연민의 무게를 거느린 서정적 자아가 드러나는 순간으로, 최수지 시의 배면에 깔린 윤리적 성격을 보여주는 지점이다.

이 시집에 묶인 작품의 세 번째 유형은 나이 듦에 따른 신체적 고통이나 인식의 변화 등을 다룬 작품들이다. 미용실에서 처음 만나 "금세 나이를 나누고 마음을 트는" 여든다섯과 여든일곱의 할머니들을 보며 "할머니들 얘기에 공감하는/나도/이제 저녁"(「여든다섯 여든일곱」)이라거나, "신혼길 더듬어 나섰던 칠순 여행 그때처럼/신나게 따라 부르던 추억의 노래는 그대로인데/표정 없이 앞만 보는 사람//그때도 지금도 눈물이야 나지만/그래도 그때가 좋았구나"(「다시 길 위에서」)라며 과거 신혼길을 따라갔던 칠순의 여행을 추억하는 데서 화자의 나이를 짐작할 수 있다.

"살아있음에/아직도 살만하기에" 애써 고개를 "끄덕"(「상처가 상처에게」)여 보지만, 나이 듦에서 오는 문제는 "다른 것 희미해져도 갈수록 선명한 기억"(「보리숭어」)과 달리 몸이 점점 예전 같지 않고 삐걱거린다는 점이다. 이를테면 그는 "일단 작성해 볼 오늘의 할 일/이제라도 챙겨 볼 버킷리스트/그전에 다녀올 빡빡한 병원 일정"(「버킷리스트」)을 챙기거나, "pm 20. 꾸벅잠에 놀라 허리 곧추세우는/21. 본 적 없는 연속극을 기다리는 척//(…)//영접하는 22, 23, 24.//(…)//이게 아닌데/길 건너 아파트 창이 붉다/아침이다"(「불멸의 불면」)라며 나이 든 사람들에게 흔한 불면의 고통을 토로하기도 한다. 이번 시집에는 "알츠하이머와 치매", "전이성이니 원발성 뇌종양"(「접다」)과 같은 병리학 용어들이 아무렇지 않게 출현한다. 출생이 죽음의 시작이란 서양 속담도 있지만, 나이가 들어간다는 건 생의 이면인 죽음에 점점 가까워진다는 의미다. 다음은 그 죽음에 "덥석 잡힐 것 같은 뒷덜미"를 경험한 화자의 공포심을 다룬 작품이다.

덥석 잡힐 것 같은 뒷덜미

분주한 발걸음 소리가 구급차 소리에 묻혀
옆 지하 계단으로 울퉁불퉁 지나고

반씩만 불을 밝힌 지하에서
MRI 기계음만 선명한

순간적으로 덮친 무서움 밖으로 나갈 수도 없는 이럴 때
열린 탈의실 환자복 모두 사람으로 보기

먼저 간 소리 지하 계단을 돌아 옆 건물 영안실에 안착하는지
점점 두꺼워지고 그 소리에 뇌가 빠르게 움직이고 있다

다시 기계음
행간과 행간 사이
목덜미에 얹힌 손
     -「새벽 두 시에는 행성이 보인다」 전문

새벽 두 시의 병원 응급실을 배경으로 하는 이 작품은 구급차가 싣고 온 환자를 MRI가 있는 지하실로 데려가는 사람들의 분주한 발걸음 소리들을 통해 당시의 위급한 상황을 간접적으로 재현하고 있다. "덥석 잡힐 것 같은 뒷덜미"는 화자에게 "순간적으로 덮친 무서움"을 구체적으로 형상화하는 부분이다. "먼저 간 소리 지하 계단을 돌아 옆 건물 영안실에 안착"한다는 데서 방금 병원에 실려 온 환자가 끝내 사망했음을 짐작할 수 있다.

이 시는 '발걸음 소리'와 '기계음'이라는 청각적 심상, 그리고 '목덜미에 얹힌 손'이라는 촉각적 심상으로써 죽음이 주는 섬뜩함을 감각적으로 체현한다. 얼핏 흩뿌려져 있는 걸로 보이는 이미지들은 정연한 시적 규율 안에서 통합적 기능을 성취하는 것이다. 행성은 항성과 달리 불규칙하게 떠돌아다니는 별이다. '새벽 두 시에는 행성이 보인다'란 제목은 삶이라는 항성을 벗어나 너머의 세계로 떠난 영혼의 떠돎을 환기한다. 물론 신체와 인식을 분류함으로써 최수지의 시를 이해하는 일은 섬세하지 못하고 도식적이다. 그의 시에서는 많은 경우 이 둘이 서로 스며들고 간섭해서 그것들을 또렷이 갈라내기는 어렵다. 「나 원 참」의 예가 그러하다.

    모든 게 비정상으로 유턴을 하지만

그래도 귀는 살아있어

늙는다는 건
쪼그라드는 것을 체험하는 일
유독 머릿속 공상만 크게 크게

재미 삼아 자라는 그런 걱정쯤이야
파리 목숨처럼 때 되면 꺾어지겠지만

사람이 살고 죽는 일은
비틀고 비트는 참선

사람으로 완성되기가
휘어져도 천년을 버티는 나무처럼

나 원 참

― 「나 원 참」 전문

 그리스 비극 작품 가운데 가장 유명한 '오이디푸스 왕'에서 스핑크스는 오이디푸스에게 수수께끼를 낸다. "아침엔 네 발로 걷다가 낮에는 두 발로 걷고, 저녁이 되면 세 발로 걷는데, 발의 개수가 많을수록 약한 존재는 무엇인가?" 이 수수께끼를 그동안 푼 사람이 없었는데, 오이디푸스는 즉각 '사람'이라고 답한다. 유년기에는 엎드려 손과 발로 기고, 청장년기에는 두 발로 서서 걷고, 노년에는 지팡이를 짚고 구부정하게 걷는 게 사람이다. 그나마 지팡이를 짚을 힘조차 사라지면 다시 기거나 누워서 지낼 수밖에 없는 육신의 한계는 인간의 존엄성을 위협하는 무서운 현실이다. 육신만 그러한 게 아니라 정신도 퇴행한다. 나이가 들면 도로 아이가 된다는 속설처럼, 자신감이 사라진 정신은 너그럽지 못하고 좁아진다. "모든 게 비정상으로 유턴을" 한다는 시의 도입부는 이렇듯 차츰 제 기능을 잃고 손상되어가는 정신과 육체를 의미한다. 눈은 침침해지고 근육은 약해지며, 키가 줄어들 듯 마음마저 옹졸해져 매사에 "쪼그라"드는 것이다.

『달려도 녹지 않는 설국』은 인생의 황혼을 노을처럼 그리며 아름답게 미화하지 않는다. 그렇더라도 최수지 시의 사유와 정서는 인생의 끝머리를 비유하는 저묾의 부정적 이미지에 마냥 치우치지만은 않는다. "늙는다는 건/쪼그라드는 것을 체험하는 일"이라는 화자의 어조는 허무함의 비애에 젖어있다기보다 기왕이면 씩씩하게 견뎌내겠다는 의지를 실어 나른다. 그의 시에는 머릿속에서 함부로 자라는 걱정 따위 "파리 목숨처럼 때 되면 꺾어"지는 걸 경험으로 아는 성숙한 지혜가 가득하다. "휘어져도 천년을 버티는 나무처럼" 고통을 감내함으로써 마침내 삶이 완성되어 간다는 성찰과 다짐의 느낌이 있다.

"신나게 달려도 녹지 않는 설국"이라는 시집의 제목은 일상이라는 바탕 위에 수가 놓인 시의 무늬들이 서로 모순적일 만큼 다양한 최수지 시의 특징을 함의한다. '신나게 달린다'는 긍정성과 '녹지 않는 설국'이란 부정성의 어울림처럼, 그의 시는 "어른아이"의 목소리를 통해 이중적으로 발화한다. 아이의 목소리는 경쾌하고 유머러스하게 일상을 노래한다. 그 목소리는 다양한 음성상징어와 거두절미의 어법을 통해 설국이라는 일상을 유쾌하게 미끄러진다. 반면 "길고 긴 여정의/흐린 날들을 잊지 않으려"(「오늘도 달린다」)는 어른의 목소리에는 인정과 유머가, 사랑과 추억이, 반성과 성찰이, 병과 죽음의 그림자가 버무려진 허무와 다짐이 동거한다. 명랑한 우울의 모순으로 그의 시는 천진하고 성숙하다. 그 '어른아이'가 영원하기를 빈다.

상상인 시인선 **061**

달려도 녹지 않는 설국

지은이 최수지

초판인쇄 2024년 9월 24일 **초판발행** 2024년 9월 30일

펴낸곳 도서출판 상상인 **편집주간** 황정산 **펴낸이** 진혜진

표지디자인 최혜원 **기획·마케팅** 전은빈 최유림 노혜림 정현수

책임교정 종이시계 **편집** 세종PNP

등록번호 제572-96-00959호 **등록일자** 2019년 6월 25일

주소 06621 서울시 서초구 서초대로74길 29, 904호

전화번호 02-747-1367, 010-7371-1871

팩스 02-747-1877 **전자우편** ssaangin@hanmail.net

ISBN 979-11-93093-66-5 (03810)

값 12,000원

부산광역시 부산문화재단

이 책은 2024년 부산광역시, 부산문화재단 〈부산문화예술지원사업〉으로 지원을 받았습니다.

- 이 책은 전부 또는 일부 내용을 재사용하려면 반드시 저작권자와 도서출판 상상인의 동의를 받아야 합니다.

- 이 도서의 국립중앙도서관 출판시도서목록(CIP)은 서지정보유통지원시스템 홈페이지(http://seoji.nl.go.kr)와 국가자료공동목록시스템(http://www.nl.go.kr/kolisnet)에서 이용하실 수 있습니다.

- 이 책은 전자책으로도 발간되었습니다.